Von meiner Familie an Ihre,

diese charmante Tradition begann in unserer Familie, als meine Kinder noch sehr klein waren. Wie die meisten Kinder jeder Generation wollten sie wissen, woher der Weihnachtsmann wirklich weiß, wer artig und wer unartig war. Die Antwort war, wie in meiner eigenen Kindheit, ein kleiner freundlicher Elf.

Als der Elf zum ersten Mal bei uns zu Hause Einzug hielt, adoptierten wir ihn offiziell, indem wir ihm einen Namen gaben. In den darauffolgenden Jahren tauchte „Fisbee" immer um die Weihnachtszeit herum auf, gewöhnlich Ende November oder Anfang Dezember. Seine einzige Aufgabe bestand darin, die Kinder jeden Tag genau zu beobachten und jede Nacht dem Weihnachtsmann darüber Bericht zu erstatten. Nach seiner Rückkehr vom Nordpol suchte sich Fisbee einen neuen Beobachtungspunkt irgendwo im Haus. Was für ein Spaß, den Kindern jeden Morgen dabei zuzuschauen, wie sie aus dem Bett sprangen, um ihn als Erstes zu finden!

Damit der Weihnachtszauber des Elfen bewahrt bleibt, dürfen die Kinder ihn zwar nicht berühren, aber nach Lust und Laune mit ihm reden. Ich kann mir nur vorstellen, wie viele Kindheitshoffnungen und -träume Fisbee im Laufe der Jahre zu Ohren kamen.

Es hatte noch einen weiteren Vorteil, einen Elfen zu Hause aufzunehmen: Meine Kinder waren motiviert, sich von ihrer besten Seite zu zeigen. Sie legten gute Manieren an den Tag und dachten nach, bevor sie sich zu Wort meldeten oder handelten. Selbstkontrolle zu üben, wurde zu einer lebenslangen guten Angewohnheit.

Ich hätte mir nie träumen lassen, dass diese einfache Tradition in der ganzen Familie für so viele kostbare Weihnachtserinnerungen sorgen würde. Es ist mein größter Wunsch, dass The Elf on the Shelf: Eine Weihnachtstradition auch Ihrer Familie viel Freude bereiten wird.

Ich wünsche Ihnen viel Spaß mit dieser Tradition. Machen Sie sie sich zu eigen!

Herzliche Grüße an Sie und Ihre Lieben,

Carol

Füll meine offiziellen Adoptionsunterlagen aus, und du erhältst eine spezielle Nachricht vom Weihnachstmann: elfontheshelf.com/elf-registry

the ELF on the SHELF®

Eine Weihnachtstradition

von Carol V. Aebersold und Chanda A. Bell
mit Illustrationen von Coë Steinwart

™
www.ccaandb.com

Hast du dich je gewundert, wie der Weihnachtsmann jedes Jahr die artigen Kinder von den unartigen unterscheiden kann?
Es war ein Geheimnis seit Hunderten von Jahren.
Dir kann ich es verraten, doch du musst es bewahren.

UNARTIG
ARTIG
WM
MATT
FREDDIE
BOBBY
DON
ANNIE
JONNY
SARAH
JEFF
KATIE
TODD
KATIE
GRAHAM
BEN
SAM
DAVID
TAYLOR
ZACK
JEN
JASON
BILL
BREN
JOY
MADI
JEN
TANYA
JIM
LOREN
SUE
CHASE

Der Weihnachtsmann schickt mich zu dir in der Weihnachtszeit.
Ich beobachte und berichte, was du tust bei jeder Gelegenheit.

Diese Aufgabe hat mir der Weihnachtsmann gestellt.
Ich bin sein Gehilfe, ein freundlicher Elf auf dieser Welt.

Wenn ich zu dir nach Hause komme das allererste Mal,
musst du mir meinen Namen geben, es ist deine Wahl.

Mach schnell, denn erst dann kann ich beginnen.
Muckel oder Flubs – welchen Namen kannst du für
mich ersinnen?
Soll es Mibbel, Wibbel oder Emil sein?
Simsim ist auch süß, was fällt dir sonst noch ein?

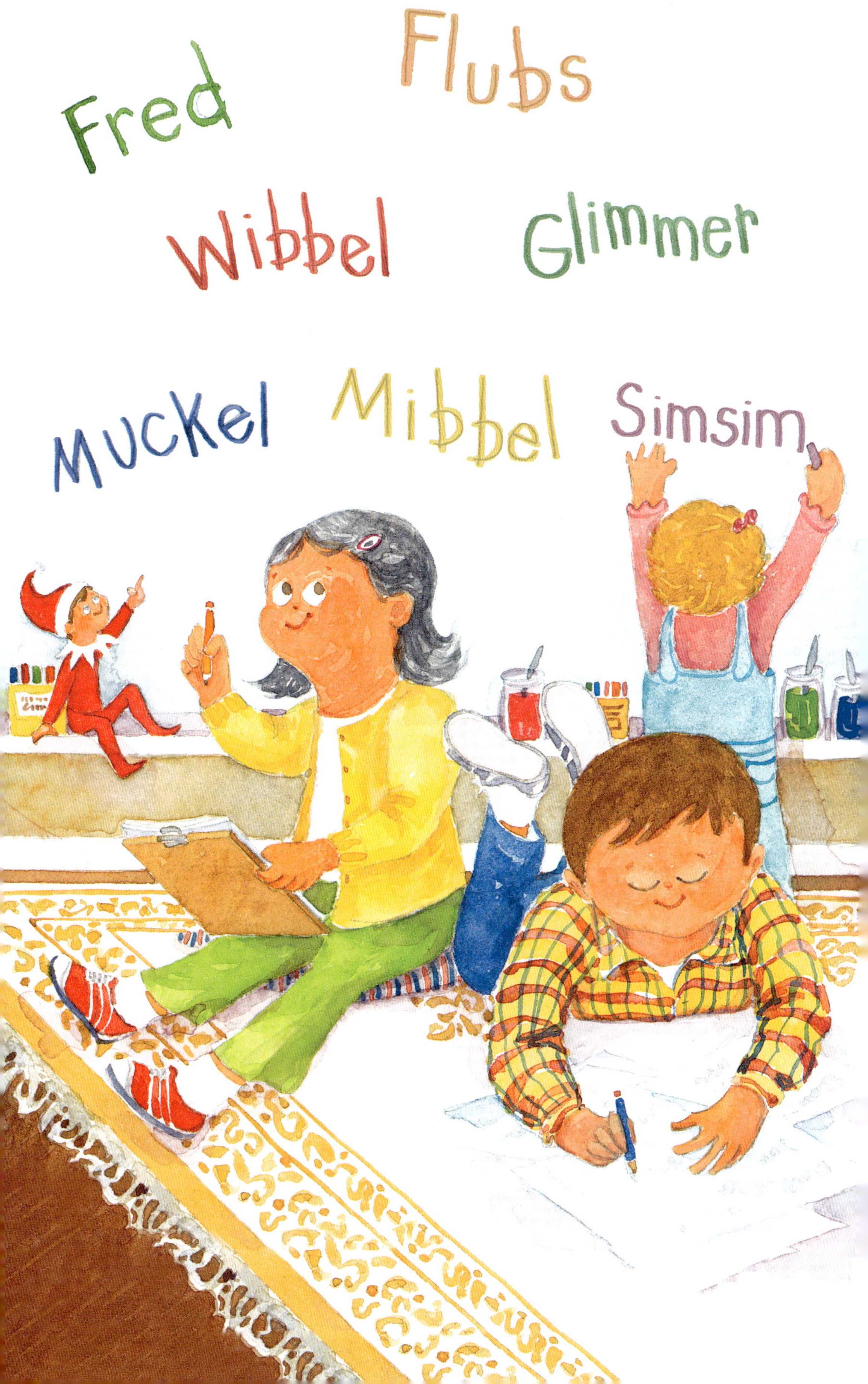
Fred
Flubs
Wibbel
Glimmer
Muckel
Mibbel
Simsim

Wenn du tief und fest schläfst,
flieg ich durch die dunkle Nacht
an den Nordpol zum Weihnachtsmann,
der immer wacht.

Wie gut, dass mich der Weihnachtszauber
so schnell macht wie der Wind.
Dort hab' ich Spaß mit meinen Freunden
und wir berichten dem Weihnachtsmann von jedem Kind.

Ich erzähle ihm, ob du brav warst oder nicht.
Mal macht ihn die Nachricht traurig, mal freut er sich.
Von Gezeter und Trotz wird der „Boss“ dann erfahren,
aber auch alle Sachen, die besonders lieb und nett waren.

Wenn einer im Auto,
Kindergarten, oder beim
Spielen eine Regel bricht,
dann kommt das
schneller, als du denkst,
ans Licht.

Ich bin wieder da, bevor du hervorschlüpfst unter der Decke.
Nun musst du den neuen Platz finden, an dem ich mich verstecke.

Hüpf' schnell aus dem Bett, denn es ist ein großes Rennen:
wer wird mein Versteck als Erstes erkennen?

Vielleicht findest du mich, den freundlichen Elfen, nur
in der Küche, im Bad oder im Flur.
Stecke ich in einer Pflanze, im Regal oder hinter dem
Besenstiel?
Wo kann ich nur sein? Was für ein lustiges Spiel.

Nur eine Regel beachte man,
damit ich auch morgen wieder hier sein kann:

Bitte berühre mich nicht, denn mein Zauber wird dann verschwinden.
Der Weihnachtsmann würde dann über dich nichts mehr herausfinden.

Ich könnte ihm nicht erzählen wie gut
du dich benommen hast,
oder wie du beim backen hilfst,
oder wie du auf deine Familie aufpasst.
Wie brav du warst, woher soll er das dann wissen?
Vielleicht denkt er sogar, du würdest ihn nicht vermissen.

Es gibt ein von allen Elfen befolgtes Gebot vom
Weihnachtsmann,
nämlich, dass ich nicht mit dir sprechen kann.

Ich höre dir aber gerne zu.
Alle Wünsche kannst du mir anvertrauen.
Möchtest du ein Spiel,
einen Laster oder was zum Bauen?
Wie gut ich zuhöre und mir merke deine Kunde,
siehst du an meinen leuchtenden Augen und
meinem lächelnden Munde.

Die Entscheidung liegt nun am Weihnachtsmann.
Was denkst du?
Ob er deinen Wunsch erfüllen kann?

An Heiligabend ist getan meine Arbeit dann.
Den Rest des Jahres wohne ich beim Weihnachtsmann.

Dezember
24
WM
Merry Christmas

Also winke mir zu und ruf' auf Wiedersehen.
Denn wenn die Glöckchen erklingen,
dann muss ich gehen.
Du wirst mir sehr fehlen,
aber wart' nur bis nächstes Jahr.
Sobald die Weihnachtszeit beginnt, bin ich wieder da.

Ich wünsche allen Mädchen und Jungen,
bis dahin ganz klar
ein besinnliches Weihnachtsfest
und ein frohes neues Jahr.

Diese Tradition begann
für Familie

____

am ________________ 20____.

Wir hießen unseren Elfen
willkommen und gaben
ihm den Namen:

_____________________________.

ISBN : 978-0-9600665-0-6

Gedruckt und gebunden in China / Imprimé et relié en Chine / Stampato e rilegato in Cina

9 8 7 6 5 4 3 2 1

www.elfontheshelf.com

3350 Riverwood Parkway SE,
Suite 300
Atlanta, GA 30339 U.S.A. / É.-U.
www.ccaandb.com